5/91

Date Du

LES SAISONS

L'automne

Ralph Whitlock

traduit de l'anglais par
Marie-Claude Favreau

Dans la même collection

Le printemps
L'été
L'hiver

Autumn
Copyright © 1986 Wayland (Publishers) Ltd
Version française
pour le Canada
© Les Éditions Héritage Inc. 1989
ISBN : 2-7625-5297-4
pour la France
© Bias Éditeur 1989
ISBN : 27015 0251 9
Dépôt légal : 3e trimestre 1989
Loi n° 49 956 du 16 juillet 1949
sur les publications destinées à la jeunesse
Imprimé en Belgique

Table des matières

Qu'est-ce que les saisons?

L'automne est l'une des quatre saisons des régions tempérées du globe. Les autres saisons sont l'hiver, le printemps et l'été. Chaque saison amène un changement dans la longueur du jour et de la nuit, ainsi que des températures qui lui sont propres, et cela même si le passage d'une saison à l'autre prend plusieurs semaines.

Les saisons sont délimitées par des époques précises de l'année: les équinoxes et les solstices. Aux équinoxes, le jour et la nuit sont d'égale longueur. Le 21 mars marque à peu près le début du printemps boréal et le 23 septembre, le début de l'automne boréal.

Aux solstices, la différence entre la longueur du jour et celle de la nuit atteint son maximum. Dans l'hémisphère Nord, le plus long jour de l'année tombe en été, le 21 juin. Le jour le plus court tombe en hiver, le 21 décembre.

La nature entière réagit aux changements de chaque saison, particulièrement les plantes.

Les saisons varient selon les diverses régions du monde. Près de l'équateur, il fait toujours chaud, et près des pôles, il fait toujours froid, même si la température monte un peu à certains moments. Comme le démontre le tableau ci-dessous, les saisons de l'hémisphère Sud sont à l'inverse de celles de l'hémisphère Nord.

En automne, les enfants aiment marcher dans les feuilles mortes.

Hémisphère Nord			
Automne	*Hiver*	*Printemps*	*Été*
Septembre	Décembre	Mars	Juin
Octobre	Janvier	Avril	Juillet
Novembre	Février	Mai	Août
Printemps	*Été*	*Automne*	*Hiver*
Hémisphère Sud			

À Noël, il y a parfois de la neige dans le nord tandis que dans le sud, on peut festoyer sur la plage.

*À **droite** Certains matins d'automne, le givre recouvre le paysage.*

Pourquoi y a-t-il des saisons?

La Terre tourne comme une toupie autour de son axe. Elle fait un tour en vingt-quatre heures. Tandis qu'elle tourne, chaque région fait face au soleil pendant une certaine période de temps puis retourne dans l'ombre. C'est ce qui produit le jour et la nuit. Cependant, l'axe de la Terre n'est pas vertical mais incliné. C'est cette inclinaison qui provoque le cycle des saisons, tandis que la Terre effectue son orbite annuelle autour du Soleil. L'inclinaison de l'axe ne varie pas et, selon les périodes de l'année, les différentes régions du globe sont plus ou moins près du Soleil.

Le 21 mars (équinoxe du printemps) et le 23 septembre (équinoxe d'automne), le Soleil est à son zénith à l'équateur. Le jour et la nuit sont d'égale longueur d'un cercle polaire à l'autre.

Entre mars et septembre, le pôle Nord est incliné vers le Soleil. Dans l'hémisphère Nord, les jours sont plus longs que les nuits et les rayons du Soleil sont plus directs, il fait donc plus chaud. Le 21 juin, le Soleil est au-dessus du tropique du Cancer. C'est le solstice d'été.

Quand c'est l'été dans l'hémisphère Nord, c'est l'hiver dans l'hémisphère Sud parce que le pôle Sud est éloigné du Soleil.

Six mois plus tard, la Terre est de

Jour et nuit
La Terre fait un tour complet sur son axe en vingt-quatre heures. C'est ce qui produit le jour et la nuit.

Axe de la Terre

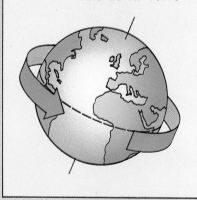

Le diagramme montre la Terre à l'un des équinoxes. Le Soleil est au-dessus de l'équateur. Plus on s'éloigne de l'équateur, plus les rayons du Soleil sont faibles à cause de la forme arrondie de la Terre : la même quantité de lumière est répandue sur une surface plus grande et doit traverser plus d'atmosphère. La chaleur du Soleil est donc moins intense dans les régions tempérées et très faible aux pôles.

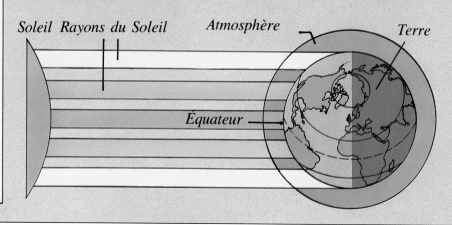

Soleil Rayons du Soleil Atmosphère Terre

Équateur

À mesure que l'automne progresse, le soleil se couche de plus en plus tôt.

l'autre côté du Soleil et au solstice d'hiver (le 21 décembre), le pôle Nord est éloigné du Soleil. Le Soleil est alors juste au-dessus du tropique du Capricorne. C'est l'été au sud et l'hiver au nord.

Entre les tropiques et l'équateur, le jour et la nuit sont toujours à peu près d'égale longueur et les températures varient très peu pendant l'année. Au-delà des cercles polaires, il n'y a en gros que deux saisons : l'hiver et l'été. Seules les régions entre les cercles polaires et les tropiques ont des saisons de transition : l'automne et le printemps.

La Terre fait le tour du Soleil en une année. Ce diagramme montre comment l'inclinaison de la Terre affecte la quantité de lumière et de chaleur que reçoit chaque région du globe à différents moments de l'année, provoquant ainsi le cycle des saisons.

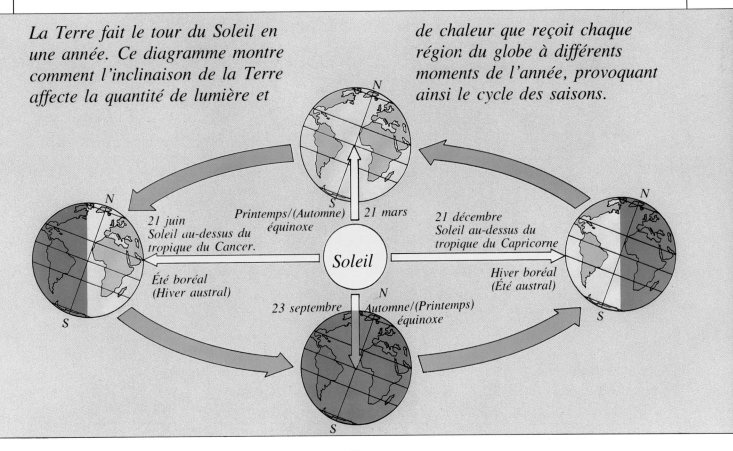

L'automne dans le monde

L'automne est une saison propre aux régions tempérées. «Tempéré» signifie doux, et les zones au climat tempéré ne subissent pas les froids polaires ou les chaleurs tropicales.

En automne, la longueur du jour diminue. Le soleil monte de moins en moins haut dans le ciel et se couche de plus en plus tôt. Il fait de plus en plus froid. Les animaux, les plantes et les humains doivent se préparer à l'hiver.

Les cultivateurs et les jardiniers récoltent leurs cultures et les entreposent pour l'hiver. Les arbres à feuilles caduques cessent de pomper la sève vers leurs branches, provoquant ainsi la chute de leur feuillage. La plupart des insectes passent l'hiver à l'état d'oeufs ou de chrysalides immunisés contre le froid. Certains animaux cherchent un abri où hiberner et de nombreux oiseaux migrent vers les régions plus chaudes.

L'automne est toutefois une saison d'abondance. La nourriture ne manque pas et toutes les bêtes en profitent. Les oiseaux migrateurs prennent du poids avant d'entreprendre leur long voyage. Les animaux hibernants accumulent de la graisse qui les nourrira tout l'hiver pendant leur sommeil.

En plusieurs endroits, l'automne est une saison magnifique. Le feuillage des

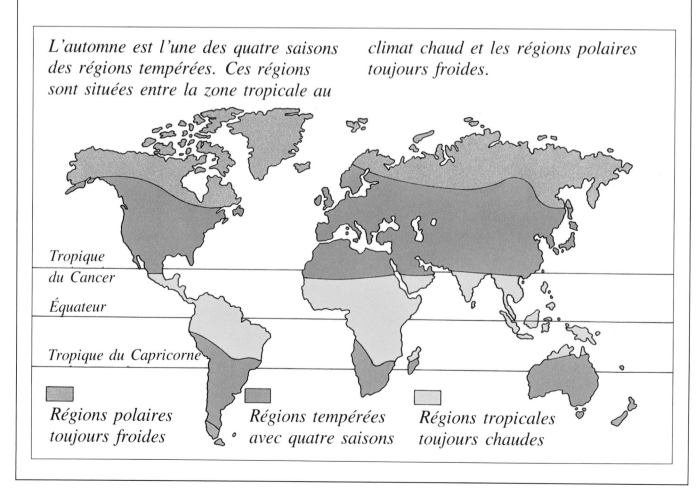

L'automne est l'une des quatre saisons des régions tempérées. Ces régions sont situées entre la zone tropicale au climat chaud et les régions polaires toujours froides.

Tropique du Cancer

Équateur

Tropique du Capricorne

Régions polaires toujours froides

Régions tempérées avec quatre saisons

Régions tropicales toujours chaudes

Un enfant près d'un tas de maïs de la récolte d'automne, au Cachemire, en Inde.

arbres prend des teintes bronze, or, rouges et écarlates. Les couleurs de l'automne sont particulièrement impressionnantes dans les forêts du Canada et du nord des États-Unis.

Ci-dessous *En automne, les forêts d'Amérique du Nord se parent de resplendissantes couleurs automnales.*

La température automnale

L'automne est plus chaud que le printemps parce que la terre et la mer, réchauffées par le soleil tout l'été, mettent du temps à refroidir. Mais peu à peu, tandis que les jours raccourcissent, les nuits allongent et on sent l'approche de l'hiver.

En plusieurs endroits, surtout dans l'hémisphère Nord, l'automne est la saison des tempêtes. Dans les tropiques, vers la fin de l'été, les chaleurs prolongées font que les masses d'air chaud se changent en énormes nuages menaçants. Ceux-ci, en se déplaçant de façon circulaire, créent de grands tourbillons d'air hauts souvent de plusieurs kilomètres. Lorsqu'ils passent au-dessus des océans, ils absorbent de grandes quantités d'eau et se transforment en gigantesques tempêtes tropicales appelées ouragans, typhons ou cyclones.

Ces tempêtes se déplacent rapidement, couvrant de grandes distances et dévastant tout sur leur passage. Elles pénètrent souvent dans les régions tempérées. Certaines d'entre elles, qui se développent dans le golfe du Mexique puis se déplacent vers le nord, peuvent être encore dévastatrices lorsqu'elles atteignent New York.

En automne, les typhons peuvent causer beaucoup de dégâts.

En automne, le brouillard est fréquent. Il est causé par divers facteurs. Souvent, lorsque le sol froid rafraîchit l'air, l'eau en suspension forme d'innombrables gouttelettes trop légères pour tomber. C'est ce qui donne au brouillard sa teinte blanche.

Dans plusieurs régions du monde, les premiers gels surviennent en automne. Le givre est de la rosée gelée. Dans les régions les plus froides de la zone tempérée, le premier gel important de l'automne marque pour plusieurs plantes la fin de la période de croissance.

Ci-dessous *L'automne est la saison du givre ou des gelées blanches.*

En automne, on peut jouir parfois de journées douces et ensoleillées.

Les oiseaux et les animaux en automne

En automne, toutes les créatures sauvages savent d'instinct que l'hiver approche. Elles doivent alors se préparer à l'affronter ou à le fuir.

Les oiseaux sont les mieux équipés pour y échapper car leurs ailes leur permettent de partir très loin, en direction des tropiques. Dans l'hémisphère Nord, les migrations d'hirondelles sont impressionnantes car ces oiseaux se rassemblent sur les fils téléphoniques ou électriques avant d'entreprendre leur voyage vers le sud. Des milliers d'hirondelles européennes traversent même les tropiques pour passer l'hiver en Afrique du Sud.

La plupart des oiseaux qui nichent dans l'Arctique descendent vers le sud, mais plusieurs ne se rendent pas dans les tropiques et hivernent plutôt dans les régions tempérées.

En automne, les caribous migrent de la toundra arctique vers les terres boisées, au sud.

Dans l'hémisphère Sud, les mouvements se font vers le nord. Par exemple, le martin-pêcheur migre du sud de l'Australie vers la Malaisie ; certains colibris quittent la Terre de Feu pour les régions tropicales d'Amérique.

Il existe aussi des animaux qui fuient l'hiver. Les migrations les plus spectaculaires sont celles des caribous qui passent l'été dans la toundra arctique mais rejoignent les terres boisées en automne. Dans un seul troupeau de caribous, on peut compter parfois jusqu'à 50 000 bêtes.

En automne, de nombreux animaux se préparent à passer l'hiver en état d'hibernation, une forme particulière de sommeil qui permet aux animaux de survivre même lorsque la nourriture est très rare. Le corps de l'animal qui hiberne devient très froid et toutes ses fonctions, la respiration par exemple, ralentissent. Lorsqu'il hiberne, l'animal dépense très peu d'énergie.

La nourriture est très abondante en automne et les chauves-souris et les loirs deviennent très gras, mais ils utiliseront une grande partie de leur réserve de graisse pendant leur sommeil hivernal. En automne, les animaux doivent se trouver un abri pour hiberner : un terrier, un nid ou encore un tronc creux. Souvent, les grenouilles et les tortues s'enterrent dans la boue au fond des étangs.

Le martin-pêcheur quitte le sud de l'Australie en automne.

Ci-dessous *Ce campagnol amasse des baies pour l'hiver.*

Les insectes en automne

Les insectes, s'étant multipliés durant la saison chaude, sont très abondants en automne. Un grand nombre ont servi de nourriture aux oisillons durant l'été et, en automne, les oiseaux adultes les mangent afin de faire des réserves de graisse pour l'hiver. La plupart des insectes ont une fin tragique et servent de repas à d'autres créatures, mais il en reste suffisamment pour assurer une nouvelle génération au printemps suivant.

Comme les autres animaux, les insectes doivent survivre aux froids de l'hiver et s'y préparent à l'automne.

On peut trouver des chenilles en automne. Voici une chenille de machaon.

Les papillons commencent leur vie à l'état d'oeufs puis de chenilles. Celles-ci se transforment en chrysalides, d'où émergeront les adultes.

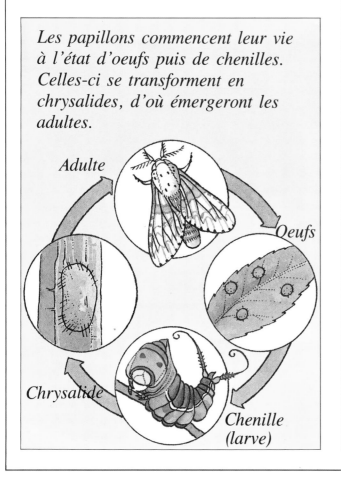

Adulte

Oeufs

Chrysalide

Chenille (larve)

Heureusement, à l'état d'oeufs ou de chrysalides, les insectes sont immunisés contre le froid. De nombreux insectes passent l'été au stade larvaire, mangeant le plus possible pour grossir rapidement, et en automne la campagne grouille de chenilles, de vers, d'asticots et d'autres larves. C'est en automne qu'on voit le plus de grosses chenilles.

Les insectes adultes ont peu de problèmes de nourriture. Certains ne mangent pas du tout. Leur rôle consiste à se reproduire et aussi à chercher de nouveaux sites pour fonder une colonie.

Les toiles d'araignées sont nombreuses en automne.

Certains insectes migrent vers les régions tropicales. Un des papillons migrateurs les plus remarquables est le Monarque, un papillon d'Amérique du Nord qui migre et hiberne tout à la fois. Certains Monarques quittent le Québec pour le Mexique, un voyage de plus de 3 000 km.

En été, tandis que le nombre d'insectes augmente, le nombre des créatures insectivores s'accroît lui aussi. En automne, d'innombrables toiles d'araignées tapissent la campagne.

Migration du papillon Monarque
En automne, le Monarque quitte le Canada et le nord des États-Unis et migre vers les États du sud et le Mexique. Les papillons s'assemblent en vastes groupes qui font halte sur les arbres (en bas, à gauche) et passent le doux hiver en hibernation partielle. Au début de mars, ils remontent vers le nord.

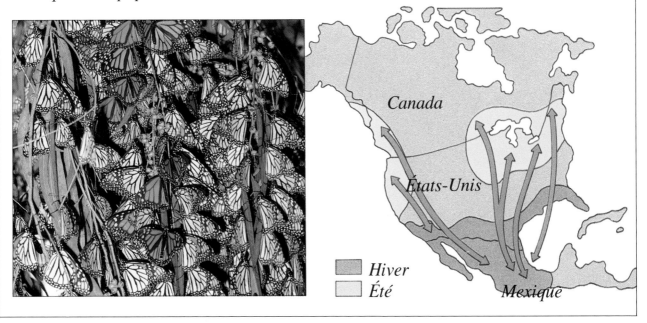

Hiver
Été

Canada

États-Unis

Mexique

Les plantes en automne

Ce qui frappe d'abord chez les plantes en automne, c'est le changement de couleur du feuillage. Au printemps et en été, les arbres produisent beaucoup de chlorophylle, une substance qui donne leur couleur verte aux feuilles. En automne, les feuilles perdent peu à peu cette chlorophylle et deviennent jaunes ou brunes. Certaines feuilles sont d'un rouge éclatant à cause du sucre qu'elles retiennent juste avant de tomber au sol.

Les arbres à feuilles caduques perdent leur feuillage en automne pour se protéger du froid. La sève, essentielle à la vie de l'arbre, se retire dans les racines et l'arbre se met à «dormir», un peu comme les animaux.

En automne, les feuilles des arbres deviennent rouges, jaunes et brunes.

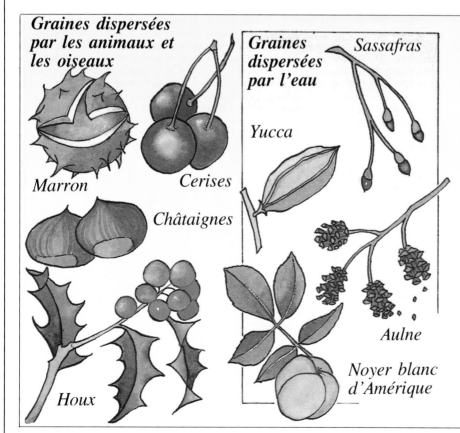

Graines dispersées par les animaux et les oiseaux

Marron

Cerises

Châtaignes

Houx

Graines dispersées par l'eau

Yucca

Sassafras

Aulne

Noyer blanc d'Amérique

Dispersion des graines
Pour avoir de meilleures chances de pousser, les graines doivent être dispersées loin de la plante mère. Certaines graines à l'intérieur de fruits et de noix que mangent les oiseaux et les animaux sont disséminées ailleurs par ceux-ci. Le vent et l'eau en disperse d'autres.

Le lierre est l'une des dernières plantes à fleurir en automne.

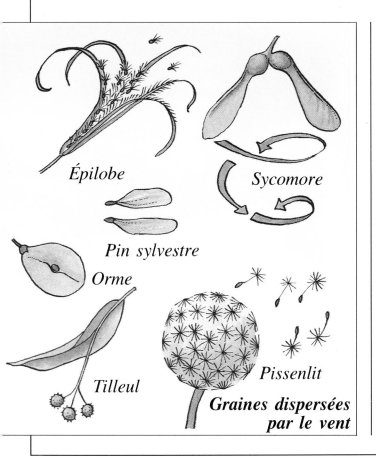

Épilobe

Sycomore

Pin sylvestre

Orme

Tilleul

Pissenlit

Graines dispersées par le vent

Les feuilles mortes tombent au sol et, en pourrissant, s'incorporent à la terre. Les conifères gardent leurs feuilles mais cessent de croître en automne et ne produisent pas de nouvelles pousses avant le printemps.

Certaines plantes, appelées annuelles, meurent après avoir fleuri. Cependant, avant de mourir, elles relâchent des graines qui tombent au sol ou sont dispersées par les animaux et le vent. Certaines graines tombent dans des cours d'eau qui les transportent au loin et les déposent par la suite sur la rive où, au printemps suivant, elles poussent et fleurissent.

La plupart des plantes et des arbres relâchent leurs graines en automne pour assurer une nouvelle génération.

Les cultures en automne

La plupart des plantes que cultivent les fermiers sont des annuelles. Dans la majorité des régions tempérées, les cultures mûrissent en automne. Les plus importantes sont celles des céréales, dont le blé, le maïs, le riz et l'orge, et on les cultive pour leurs graines. Les céréales sont en fait des herbes et suivent le même cycle, produisant d'abord des feuilles, puis des fleurs et enfin des graines. Le cultivateur récolte les grains mûrs et les engrange pour les utiliser en hiver ou bien les vend pour la fabrication du pain et d'autres aliments.

Dans les régions tempérées proches des tropiques, le soleil fait mûrir les céréales rapidement et plusieurs cultures sont prêtes à être moissonnées en été. Plus on se dirige vers le nord, plus les récoltes sont tardives. Près du cercle arctique, il faut souvent se hâter pour pouvoir moissonner et engranger les céréales avant l'hiver. Le maïs, par exemple, mûrit tard sous les climats frais. L'outillage moderne, comme la moissonneuse-batteuse, permet aux fermiers de finir la moisson plus rapidement qu'à l'époque des faux et des faucilles.

Une moissonneuse-batteuse récoltant le maïs dans le nord de l'Iowa, aux États-Unis.

Ce cultivateur prépare la terre pour les semailles d'automne.

Autrefois, la moisson demandait tant d'énergie que c'était le point culminant de l'année et qu'on en faisait une fête. De nos jours, les réjouissances doivent souvent être remises à plus tard car les cultivateurs ont d'autres choses à faire. De nouvelles variétés de blé et d'orge doivent être semées tôt en automne car si elles réussissent à pousser suffisamment avant l'hiver, elles peuvent résister aux plus grands froids.

Légumes d'automne

En automne, plusieurs légumes sont prêts à être récoltés. Les plus fragiles doivent être cueillis avant les premiers gels. D'autres peuvent être laissés en terre un peu plus longtemps. Certains légumes d'automne constituent la deuxième récolte de l'année, alors que d'autres ont pris tout l'été pour pousser.

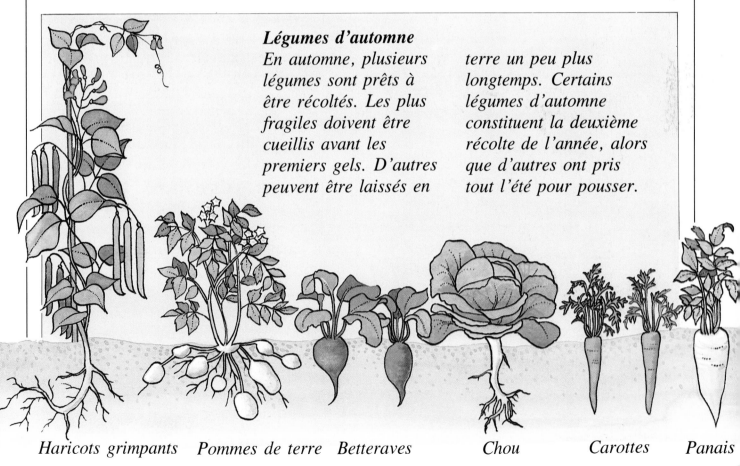

Haricots grimpants   Pommes de terre   Betteraves   Chou   Carottes   Panais

L'automne — saison des fruits et des noix

Mis à part les fruits charnus (comme les fraises et les framboises) qui mûrissent en été, la plupart des fruits des climats tempérés mûrissent en automne. Les pommes, les prunes et les poires abondent dans plusieurs régions tempérées du nord et du sud. Les pêches, les abricots, les nectarines et les agrumes (tels les oranges et les citrons) ne poussent que dans les régions au climat méditerranéen, dont la Californie, l'Afrique du Sud, l'Australie et l'Amérique du Sud tempérée.

Le raisin n'aime pas le climat humide et venteux du nord-ouest de l'Europe; par contre, dans les régions plus sèches, il pousse dans des lieux aussi au nord que la vallée du Rhin, en Allemagne. Les vendanges sont très importantes, surtout lorsque les raisins servent à fabriquer du vin. Aujourd'hui, on trouve des vignes dans tous les pays où le climat le permet. Les vins français sont les plus renommés.

La récolte des fruits est l'une des tâches les plus agréables de la ferme ou du jardin. Les pommes, les prunes, les pêches, les poires et les abricots sont triés et manipulés avec précaution pour que leur peau veloutée ne soit pas abîmée. Ceci est particulièrement important si le fruit est destiné à être mangé en salade ou entreposé. Les fruits endommagés peuvent servir à faire des confitures ou de la purée. De nos jours, les pommes à cidre sont cueillies à la machine.

Dans certains pays, la culture des noix est une activité commerciale. Les noix sont laissées sur l'arbre ou l'arbuste jusqu'à parfait mûrissement; elles tombent alors d'elles-mêmes ou on n'a qu'à secouer l'arbre. Certaines variétés de noix poussent à l'état sauvage dans les pays tempérés et souvent les gens vont se promener dans les bois pour les cueillir.

Dès que la récolte des fruits est terminée, le cultivateur émonde ses arbres et ses arbustes et les examine pour prévenir toute maladie ou dommage. Il les arrose au besoin d'insecticide et de fongicide.

Fruits de jardin inusités
Les nèfles, coings, fruits de la Passion et kakis font de bonnes confitures.

Nèfle

Fruit de la Passion

Coing

Kaki

À gauche *Les pommes mûrissent en automne et plusieurs servent à faire du cidre.*

Ci-dessous *L'automne est l'époque des vendanges. Ces raisins de la Dordogne, en France, serviront à fabriquer du vin.*

21

Les animaux de la ferme en automne

Tout comme les animaux sauvages qui migrent, hibernent ou font des réserves pour l'hiver, les animaux de la ferme doivent se préparer pour la saison froide. Incapables de le faire eux-mêmes, c'est au fermier que revient la tâche de leur fournir la nourriture. Une certaine partie des céréales, l'orge et l'avoine notamment, sert donc à alimenter les animaux durant l'hiver.

Pour éviter d'entamer sa réserve trop tôt, le fermier laisse ses bêtes aux champs le plus longtemps possible. Dès que les récoltes sont terminées, il sème des cultures qui poussent rapidement, comme le seigle, que les bestiaux pourront brouter avant les grands froids.

À mesure que l'automne avance, la nourriture fournie par le champ doit être complétée par du foin, du fourrage et des céréales. Arrive finalement le temps où il faut mettre les bêtes à l'abri, sauf peut-être les plus résistantes. Dans certains endroits d'Amérique du Nord et d'Australie, les bovins et les moutons sont laissés libres dans les champs tout l'été et sont nourris dans des parcs à bestiaux jusqu'à la fin de l'automne. Les

Dans plusieurs régions des États-Unis, l'automne est la saison pour rassembler le bétail.

Ces moutons se nourrissent de navets et de colza plantés après les moissons.

animaux qui ont brouté dans les montagnes au printemps et en été, sont ramenés dans les pâturages d'hiver des terres basses.

Normalement, il y a plus de petits qui naissent en été que ne veut en garder le fermier pendant l'hiver. On vend donc beaucoup de bétail en automne. En Europe, cela se fait souvent à l'occasion de grandes foires tenues en des lieux fixes et qui attirent de nombreux acheteurs.

De nombreuses foires aux bestiaux ont lieu en automne.

Les fêtes religieuses d'automne

La récolte d'automne est le point culminant de l'année à la ferme et il est de tradition de célébrer la fête des moissons. Les paysans fêtaient la fin de l'engrangement des récoltes leur assurant une réserve de nourriture pour l'année à venir. Les chrétiens célèbrent cette période par le Jour d'action de grâce, marqué souvent par des cérémonies religieuses en témoignage de reconnaissance pour les fruits de la terre.

Dans la plupart des religions, on organise des fêtes semblables pour célébrer une moisson abondante. La fête juive des tabernacles, ou *Succoth*, dure huit jours en septembre ou en octobre, à la fin des récoltes. Les tabernacles sont des tentes ou des abris, décorés de fruits et de fleurs où vivent les familles pendant la semaine des réjouissances.

En Inde, une fête appelée *Dasera* a lieu après les moissons et les semailles automnales de la saison des pluies. C'est

La fête des moissons

Dans plusieurs régions d'Europe, l'automne est l'époque de la fête des moissons. Les églises sont décorées de fleurs, de fruits et de légumes. Les

fidèles y apportent d'autres produits du jardin qu'ils déposent autour de l'autel ou de la chaire.

À *gauche* On célèbre le Succoth à *Jérusalem.*

une période de beau temps. Dix-huit jours plus tard, on célèbre le *Diwali*, ou Fête des lumières. Toutes les fenêtres sont alors illuminées avec des lampes ou des chandelles et les maisons sont décorées de guirlandes de fleurs.

En Asie du sud-est, l'automne est une saison de très fortes pluies qui forcent les gens à rester chez eux. Cependant, ils sortent pour célébrer, en octobre ou en novembre, la fête de *Kathina* et apporter des présents aux moines des monastères.

Ci-dessous *Une marchande de fleurs au Népal. Pour le* Diwali, *les Hindous décorent leurs maisons avec des fleurs.*

De gigantesque effigies représentant un démon appelé Ravanna seront brûlées pendant le Dasera.

Les événements d'automne

Lorsque les Pèlerins débarquèrent du *Mayflower* à Plymouth, au Massachusetts, en 1620, on était le 10 novembre. Il était trop tard pour semer et préparer une récolte, et l'hiver fut très dur. Cependant, en juillet 1621, les Pèlerins constatèrent que leur première récolte serait un succès et qu'il y aurait assez de nourriture pour passer l'hiver suivant. Ils décrétèrent donc le 21 juillet Jour d'action de grâce. Aujourd'hui, on célèbre encore l'action de grâce, mais le dernier jeudi de novembre. Au Canada, l'action de grâce est fêtée le deuxième lundi d'octobre.

Ce défilé à Pacific Grove, en Californie, marque l'arrivée des papillons Monarque.

Au Japon, on célèbre l'action de grâce du travail, le 23 novembre. Des produits de la moisson sont déposés sur un autel construit pour l'occasion.

Le 31 octobre, dans plusieurs pays, on fête aussi l'Halloween (ou «veille de la Toussaint»), qui a pour origine la vieille fête celte du *Samhain*. Autrefois, on prétendait que ce jour-là, la barrière entre notre monde et le monde des esprits était très mince et laissait les âmes errer librement sur la terre provoquant ainsi toutes sortes d'événements surnaturels. On allumait des bûchers pour chasser les esprits malins. Aujourd'hui, les enfants célèbrent l'Halloween en confectionnant des lanternes à partir de citrouilles évidées puis en passant de maison en maison pour demander des friandises.

En Grande-Bretagne, en Australie et en Nouvelle-Zélande, on fête la Nuit des bûchers (5 novembre) ou Nuit de Guy Fawkes, qui commémore la tentative ratée de 1605 pour faire sauter l'édifice du Parlement britannique. Cette tentative fut appelée la «conspiration des Poudres» et l'un de ses membres était un gentleman du nom de Guy Fawkes.

Ci-dessous *Lors de la Nuit de Guy Fawkes, on allume des feux d'artifice comme celui-ci, à Leeds Castle en Angleterre.*

Ci-contre *Un déguisement d'Halloween à New York.*

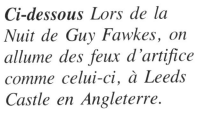

Le folklore automnal

Autrefois, à l'époque où les machines n'existaient pas encore et qu'on moissonnait et battait le grain à la main, le temps des récoltes était souvent une période de réjouissances. Quand les moissons et le battage du grain étaient terminés, le fermier faisait un grand repas pour les moissonneurs qu'il avait engagés. Dans certaines régions, la dernière gerbe qui restait dans le champ était battue devant le fermier et sa femme, et l'on chantait une «chanson de la dernière gerbe», comme celle-ci :

A salut la bourgeoise
Et le bourgeois en suivant
Battu nous avons la gerbe
Aujourd'hui joyeusement (...)

En France, au pays de Caux, les moissonneurs engagés offraient aussi à la maîtresse de la ferme des objets faits d'épis tressés qu'on suspendait à la porte jusqu'aux prochaines récoltes. Voici un extrait d'une chanson qui se rapporte à cette coutume :

Allons les gars qu'on m'apporte
Une gerbe d'épis blonds
À mettre sur la porte
Et la noix des moissons
Puisque la récolte est bonne
Sachons de grand coeur
Au Dieu qui nous la donne
En rendre tout l'honneur (...)

Plusieurs superstitions accompagnaient l'automne, et la Toussaint en particulier : par exemple, on ne balayait

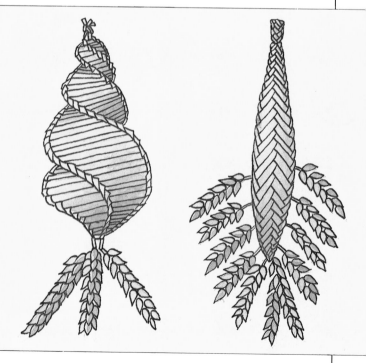

Vêtus de costumes folkloriques, ces hommes nous montrent comment se faisait la moisson au temps jadis.

pas pour éviter de jeter dehors par mégarde les âmes venues rendre visite, et les pêcheurs ne sortaient pas en mer de peur de rencontrer les esprits des noyés.

Dans plusieurs pays, l'automne était le temps des secondes semailles avant l'hiver et des superstitions entouraient ces semailles : en Bretagne, on disait que semer autre chose que de l'avoine ou des choux pendant que la lune croissait pouvait être néfaste. Le dicton breton ci-dessous montre aussi qu'on préférait laisser reposer les champs pour ne pas appauvrir la terre :

Qui moissonne et sème aussitôt
Perd un pain sur chaque sillon !

Poupées de maïs
Voici quelques exemples de poupées de maïs. Autrefois, on disait que la déesse du maïs vivait dans les derniers épis à être récoltés. On les coupait donc avec respect puis on les tressait à l'image de la déesse. Aujourd'hui, on en fait de simples objets décoratifs. L'homme à gauche fabrique une poupée de maïs.

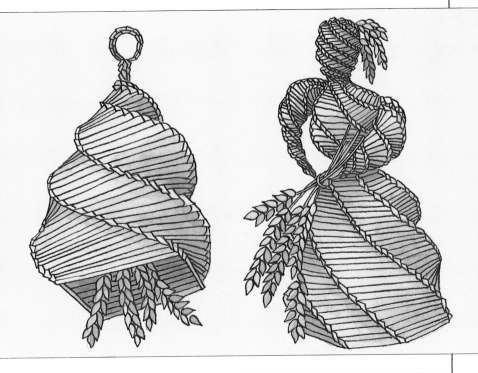

L'automne dans la littérature

L'automne a inspiré plusieurs poètes. Voici un extrait du poème *Le départ des hirondelles* de Théophile Gautier dans lequel est magnifiquement décrit un jardin en automne :

> *Déjà plus d'une feuille sèche*
> *Parsème les gazons jaunis ;*
> *Soir et matin la bise est fraîche :*
> *Hélas ! les beaux jours sont finis.*
>
> *On voit s'ouvrir les fleurs que garde*
> *Le jardin pour derniers trésors :*
> *Le dahlia met sa cocarde*
> *Et le soir a sa toque d'or.*
>
> *La pluie au bassin fait des bulles,*
> *Les hirondelles, sur le toit,*
> *Tiennent des conciliabules :*
> *Voici l'hiver, voici le froid ! (…)*

Jules Renard, dans ce passage extrait de *Nos frères farouches*, est inspiré par les arbres en automne :

> *(…) Les arbres cessent de former une masse verte confuse. Chacun prend sa teinte personnelle et se prépare à l'hiver, selon ses habitudes. Celui-ci jaunit par la tête, et celui-là laisse ses feuilles mourir toutes à la fois.*
> *On entend le bruit d'une feuille par terre : elle essaie un vol de pauvre oiseau qui n'aurait qu'une aile et qu'une patte. Celle-là se sauve comme un rat qui cherche son trou. Soudain, c'est une débandade ; des troupes de feuilles fuient, affolées, comme si l'hiver était là, au coin du bois… (…)*

Voici comment Gustave Droz décrit
l'automne qu'il aime :

Connaissez-vous l'automne,
l'automne en pleins champs, avec
ses bourrasques, ses longs soupirs,
ses feuilles jaunies qui tourbillonnent
au loin, ses sentiers détrempés,
ses beaux couchers de soleil, pâle
comme le sourire d'un malade,
ses flaques d'eau dans les chemins ?...
Connaissez-vous tout cela ?
Si vous avez vu toutes ces choses,
vous n'y êtes pas restés indifférents :
on les déteste ou on les aime follement.

(Extrait de *Monsieur, madame et bébé*)

31

L'automne dans l'art

L'automne n'est pas un sujet aussi populaire que les autres saisons pour les peintres. Les fleurs printanières, la lumière de l'été et les paysages désolés de l'hiver accrochent tout de suite l'oeil de l'artiste. L'automne, avec ses teintes subtiles, est un sujet plus difficile. Mais il existe de nombreux tableaux où de grands peintres ont su reproduire le bronze, l'or et la pourpre des feuilles d'automne. Les moissons ont inspiré également plusieurs artistes.

Ci-dessus *« La Charrette à foin » de John Constable.*

Ci-dessous *« La Seine à Argenteuil, automne » de Claude Monet.*

« *Allée des Alyscamps* » *de Vincent Van Gogh.*

Les vêtements d'automne

En général, l'été, on porte des vêtements très légers, alors qu'en hiver on préfère des vêtements imperméables qui nous protègent de l'humidité et du froid. L'automne est une saison de transition. Le changement est graduel, comme tous les changements saisonniers. Au début, on remarque à peine que l'été fait place à l'automne. On porte plus souvent son imperméable, parce qu'il pleut davantage. Bien vite, cependant, on se met à porter des gants et, à la fin de l'automne, on s'enroule une écharpe autour du cou et on enfile des bottes et un manteau plus chaud.

Nous sommes plus chanceux que nos grands-parents, car nous avons le nylon ou d'autres matières synthétiques souvent imperméables et nous n'avons pas besoin de porter d'innombrables couches de vêtements. Ceux-ci ne forment pas seulement une barrière contre le froid mais ils empêchent aussi la chaleur de notre corps de se perdre. Les tissus synthétiques sont très efficaces. La plus grande partie de la chaleur de notre corps se perd par notre tête, il est donc important de porter un chapeau.

La plupart des sports offrent une gamme de vêtements appropriés. Les activités énergiques, comme le football et le cross-country, ne nécessitent que peu de vêtements. Après ce genre d'exercice, il est cependant important de se laver et de se changer.

Ci-dessous et à gauche *Les journées fraîches d'automne, il faut porter des vêtements qui tiennent chaud et sec.*

Les sports et les loisirs d'automne

L'automne est une période de transition entre les activités fébriles de l'été et les loisirs intérieurs de la saison hivernale. Dans les pays anglo-saxons, la saison du cricket se termine au début de l'automne. Dans plusieurs pays, le football n'est pas un sport saisonnier et se déroule toute l'année.

Vers le deuxième mois d'automne, le temps devient trop incertain et les journées trop courtes pour les matches en plein air. Les tournois internationaux de golf et de tennis ont lieu de l'autre côté du globe, où les saisons sont inversées. Les joutes et les sports nautiques sont supprimés graduellement, bien que certains «mordus» continuent de faire de la voile, du ski nautique et de la plongée tout l'hiver.

Les sports d'été exigent moins d'énergie que les sports d'automne où il faut être très actifs pour éviter de prendre froid. La course à pied et la randonnée sont devenues de plus en plus populaires.

L'automne est également l'époque de la chasse, qu'elle soit au renard, au faisan, à la perdrix ou au lièvre. La

Une régate de voiliers au début de l'automne à Auckland Harbour, Nouvelle-Zélande.

La course à pied permet de rester en forme.

chasse est un sport très controversé. En Angleterre, la chasse au renard est organisée en grande pompe et attire des foules de gens venues assister au rassemblement de la meute. Mais beaucoup considèrent toutefois ce genre de sport cruel et inutile.

L'automne est une belle saison pour partir en randonnée, comme ici, en Alaska.

Activités — Observer la nature

Tenue d'un journal

En automne, et en toute autre saison, tu peux tenir un journal de la nature. Peu de plantes fleurissent en automne mais tu peux noter celles qui le font, comme le lierre.

Tu peux aussi noter le comportement des oiseaux migrateurs. Tu verras peut-être des hirondelles perchées sur les fils juste avant de partir ou encore des oiseaux qui visitent rarement ta région, en route pour leurs quartiers d'hiver.

Il y a beaucoup d'insectes en automne. Dresses-en une liste avec les endroits où ils se tiennent et ce qu'ils mangent. Tu peux aussi noter le temps qu'il fait au moment où tu les observes.

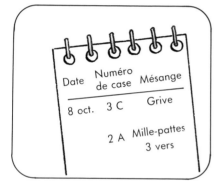

Date	Numéro de case	Mésange
8 oct.	3 C	Grive
	2 A	Mille-pattes
		3 vers

Une bonne façon d'étudier la nature est de dessiner une carte de ton jardin et de la diviser en carrés égaux. À gauche de la feuille, tu inscris des chiffres et au bas, des lettres. Chaque jour, note ce que tu vois et la case correspondante. Tu remarqueras que certaines bestioles ne fréquentent que des endroits particuliers du jardin.

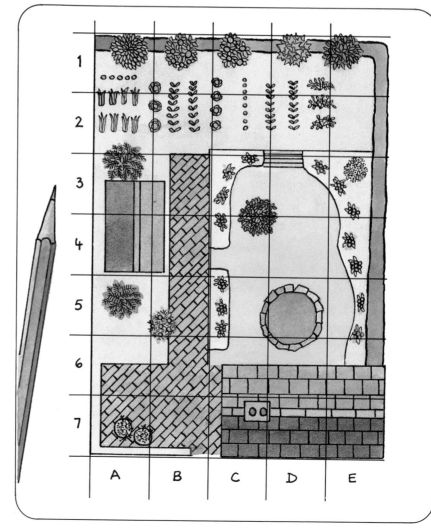

Collection de graines et de baies

Tu peux faire une collection de graines et de baies pour les mettre en terre au printemps. Place chaque variété de graines dans un sachet à part que tu étiquettes et que tu gardes dans un endroit sec. Laisse les graines à l'air libre avant de les ensacher pour t'assurer qu'elles sont bien sèches.

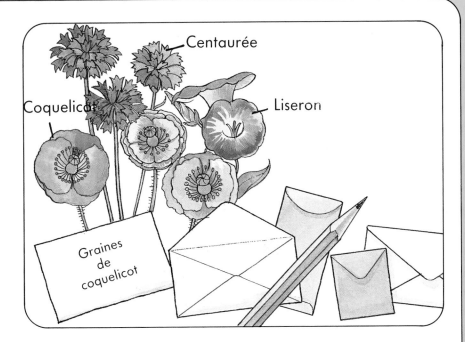

Centaurée

Coquelicot

Liseron

Graines de coquelicot

Fais pousser un arbre

Ramasse des graines d'arbre (rejette celles qui sont trop petites ou abîmées). Fais tremper une graine dans de l'eau tiède.

Mets quelques cailloux au fond d'un pot à fleurs puis remplis-le à moitié de terre humide. Dépose la graine et recouvre-la de terre. Au début, couvre le pot d'un sac de plastique pour garder la terre humide. Plus tard, quand tu ôteras le sac, tu devras arroser la graine régulièrement. Rappelle-toi que les plantes ont besoin de beaucoup de lumière.

Les graines de hêtre et de chêne poussent assez vite mais d'autres mettent des mois à sortir. Sème diverses variétés de graines en même temps pour comparer leur développement.

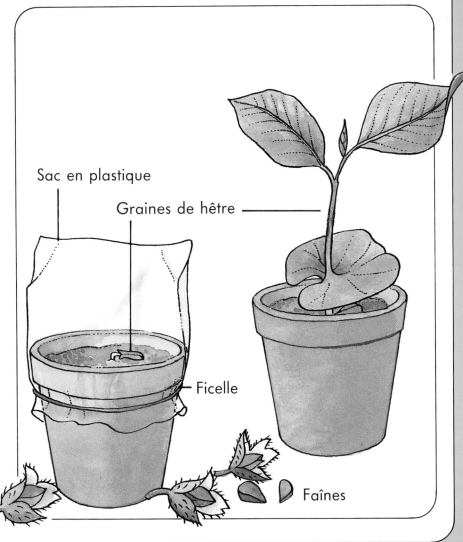

Sac en plastique

Graines de hêtre

Ficelle

Faînes

Activités — Observer le temps

L'échelle de Beaufort

En automne, le temps est souvent venteux. Tu peux estimer la vitesse du vent en utilisant l'échelle de Beaufort, inventée en 1805 par Sir Francis Beaufort.

Voici l'échelle et les signes à chercher:

N	Description	Vitesse des vents km/h	Signes habituellement observés
0	Calme	0-1,6	La fumée monte verticalement.
1	Brise très légère	3,2-4,8	La fumée flotte lentement.
2	Brise légère	6,4-11,3	On sent le vent sur le visage; les feuilles frémissent.
3	Petite brise	12,8-17,7	Drapeaux ondulent; feuilles bougent continuellement.
4	Brise modérée	19,3-25,7	Papiers et poussière soulevés; petites branches agitées.
5	Bonne brise	27,4-33,8	Petits feuillus se balancent.
6	Vent frais	35,4-43,5	Grosses branches agitées.
7	Grand vent frais	45,1-53,1	Tout l'arbre bouge.
8	Coup de vent	54,7-64,4	Petites branches cassent.
9	Fort coup de vent	66,0-77,3	Grosses branches cassent.
10	Tempête	78,9-90,2	Arbres déracinés; dégâts importants.
11	Violente tempête	91,8-104,7	Rare à l'intérieur des terres; ravages étendus.
12	Ouragan	106,3+	Généralement en mer ou près des côtes dans les tropiques. Désastres.

Fais un anémomètre

Tu peux aussi mesurer la vitesse du vent en faisant un anémomètre.

Il te faut un petit niveau, un rapporteur, de la ficelle, du ruban adhésif, de la colle et une balle de ping-pong. Avec le ruban, fixe le niveau sur la tranche du rapporteur. (Si ton niveau ressemble à celui du diagramme, il peut être accroché au rapporteur). Ensuite, colle un bout de la ficelle sur la balle. Avec le ruban, fixe l'autre bout de la ficelle sur le milieu du rapporteur de façon que la ficelle soit à 0°. Tiens ton anémomètre dans le vent. Assure-toi qu'il est de niveau puis lis l'angle qu'indique la ficelle quand le vent souffle sur la balle. Le tableau de la page suivante te donne la vitesse du vent, selon l'angle obtenu.

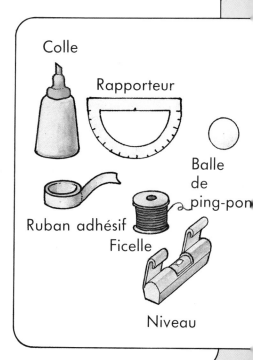

Colle

Rapporteur

Balle de ping-pon[g]

Ruban adhésif

Ficelle

Niveau

Fais un pluviomètre

Tu peux noter la quantité de pluie tombée en utilisant un pluviomètre maison. Trouve un entonnoir en plastique et un pot en verre qui ont la même largeur. Le dessus de l'entonnoir doit être un peu plus large que le col du pot. Trace une échelle métrique sur un morceau de papier et colle celui-ci sur l'extérieur du pot de façon que l'échelle soit tournée vers l'intérieur du pot. Couvre l'échelle d'une feuille de plastique collante. Place ton pluviomètre dehors. Tous les jours, à peu près à la même heure, note la quantité de pluie qu'indique l'échelle. Vide ton pluviomètre après chaque lecture.

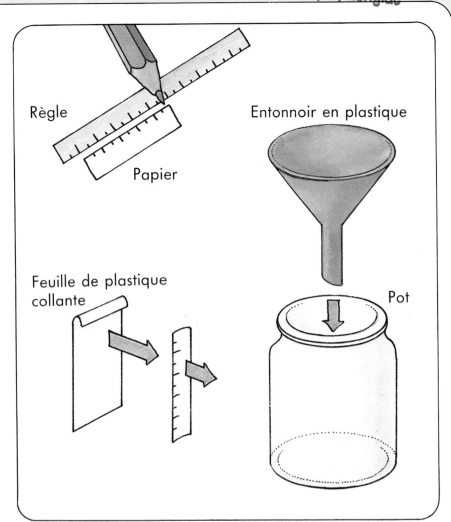

Règle

Papier

Entonnoir en plastique

Feuille de plastique collante

Pot

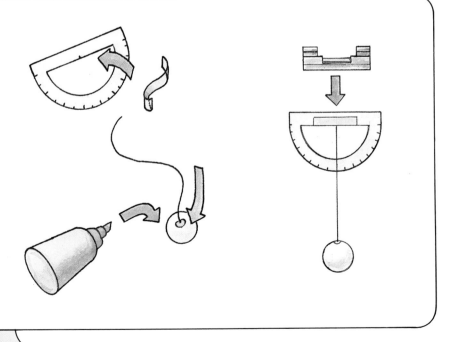

Tableau des vitesses du vent

Angle	km/h
90°	0
85°	9,3
80°	13,2
75°	16,3
70°	19,0
65°	21,6
60°	24,0
55°	26,4
50°	29,0
45°	31,5
40°	34,4
35°	37,6
30°	41,5
25°	46,2
20°	52,3

Activités culinaires

Voici quelques activités pour l'automne. Avant de commencer, demande à un adulte de t'aider.

Tisane

Une tisane est une infusion d'herbes. En automne, plusieurs herbes peuvent être cueillies et séchées. Fais-en de petits bouquets et suspends-les sur un fil dans un endroit frais et aéré. Lorsque les herbes sont sèches, enlève les feuilles et entrepose celles-ci dans de petites boîtes opaques et bien scellées. Pour faire une tisane, émiette les herbes dans une théière et ajoute de l'eau chaude. Tu peux utiliser une seule variété d'herbe, comme de la menthe ou de la camomille, ou un mélange de plusieurs variétés, ou encore les mélanger avec des feuilles de thé. Tu peux ajouter du sucre mais jamais de lait ni de crème.

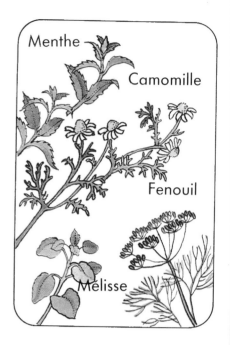

Menthe
Camomille
Fenouil
Mélisse

Un goûter au blé

À la ferme, c'est le temps des moissons. Tu auras peut-être la chance de visiter un champ et de trouver des épis de blé tombés au sol, ou bien le fermier t'en donnera une poignée. Essaie d'en faire un bon goûter. D'abord lave le blé, puis remplis-en la moitié d'un pot. Couvre le blé de lait et place le tout dans un four tiède (pas chaud) pendant douze heures. Les grains vont gonfler et éclater et pourront être mangés immédiatement avec de la crème et du sucre.

Citrouille d'Halloween

Découpe avec soin le haut d'une citrouille et évide-la.

Découpe des yeux et une bouche, puis fixe une chandelle à l'intérieur. Replace le capuchon.

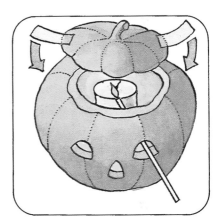

Graines de citrouilles

Ne jette pas les graines de la citrouille que tu as évidée. Nettoie-les puis place-les sur une plaque à biscuits, sale-les et fais-les rôtir en les secouant de temps en temps. Une fois sèches et croustillantes, elles sont délicieuses. Si tu ne veux pas les manger, fais-les sécher pour en faire un collier ou des décorations à ton choix.

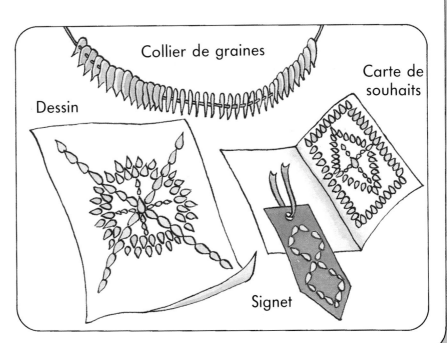

Collier de graines

Dessin

Carte de souhaits

Signet

43

Lexique

Agrumes Oranges, citrons, pamplemousse et autres fruits semblables.

Annuelles (plantes) Plantes qui poussent, fleurissent, libèrent leurs graines et meurent la même année.

Austral Situé dans la partie sud du globe.

Boréal Situé dans la partie nord du globe.

Caduques (feuilles) Qui tombent en automne.

Caribou Animal d'Amérique du Nord, proche parent du renne.

Chlorophylle Substance qui donne leur couleur verte aux plantes.

Chrysalide Insecte passant de l'état de larve (comme la chenille) à celui d'adulte (comme le papillon). Durant ce stade, l'insecte ne bouge pas ni ne se nourrit et il est souvent enveloppé d'un cocon.

Cyclone Violente tempête se déplaçant en tourbillon.

Équateur Ligne imaginaire autour du centre de la Terre, à mi-chemin entre les deux pôles.

Équinoxe Chacune des deux périodes de l'année durant lesquelles le jour et la nuit sont d'égale longueur. Le premier équinoxe marque le début du printemps; l'autre, le début de l'automne.

Faux Instrument à long manche muni d'une lame pour couper les herbes.

Hémisphère Nord Moitié de la Terre au nord de l'équateur. L'Amérique du Nord, l'Europe et la majeure partie de l'Asie en font partie.

Hémisphère Sud Moitié de la Terre au sud de l'équateur. L'Afrique du Sud, l'Australie et la Nouvelle-Zélande en font partie.

Hiberner Passer l'hiver dans un état ressemblant à un profond sommeil.

Larve Insecte sorti de l'oeuf mais qui n'est pas encore complètement développé. Les chenilles sont les larves des papillons.

Migration Déplacement d'une région à l'autre que les animaux entreprennent saisonnièrement.

Rosée Fines gouttelettes d'eau qui couvrent le sol tôt le matin après une nuit fraîche.

Solstice Chacune des deux périodes de l'année où la différence entre la longueur du jour et celle de la nuit est la plus grande. Le solstice d'été est le jour le plus long et le solstice d'hiver est le jour le plus court.

Synthétique Manufacturé, artificiel.

Toundra Immense plaine herbeuse des régions froides, dont le sol est gelé en profondeur une partie de l'année.

Typhon Violente tempête, au mouvement souvent circulaire, qui s'abat généralement sur les mers de l'est de l'Asie.

Zénith Point le plus haut.

Zone tempérée Partie du globe au climat doux, entre les régions tropicales chaudes et les régions polaires froides.

Origine des photos

L'éditeur tient à remercier les personnes et organismes suivants pour leur autorisation à reproduire les photos qui apparaissent dans ce livre:
The Bridgeman Art Gallery 33; Cephas Picture Library, photos de la couverture, 5, 21 (en bas); Bruce Coleman Limited 9 (en bas/John Shaw), 11 (en haut/Michael Freeman), 11 (en bas à gauche/Gordon Langsbury), 13 (en haut/Jen et Des Bartlett), 13 (en bas/A.J.Deane), 15 (en haut/K.Wothe), 15 (en bas/Jeff Foott), 17 (Eric Crichton), 22 (Jonathan Wright), 23 (en haut/Eric Crichton), 26 (Frans Lanting), 27 (en haut/Frans Lanting), 29 (Jean-Jacques Joly), 37 (en bas/Keith Gunnar); Courtauld Institute Galleries, Londres (Collection Courtauld) 32 (en bas); E.T.Archive 32 (en haut); GeoScience Features Picture Library 14, 18, 27 (photo centrale) 28, 30; Jimmy Holmes, Himalayan Images 9 (en haut), 25 (en bas à gauche); The Hutchison Library 4 (Constellaz), 10 (J.L.Peyromaure), 21 (en haut/Simon McBride), 23 (en bas/Bernard Gerard); 25 (en bas à droite); Wayland 7, 19, 36; ZEFA 11 (en bas à droite), 12, 25 (en haut), 37 (en haut). Toutes les illustrations sont de Ron Hayward Associates.

Index